OBSERVATIONS

SUR UN ÉCRIT

AYANT POUR TITRE:

Mémoire pour Mme. de CHAMBON, *appelante du jugement qui nomme M.* FRÉTEAU *administrateur provisoire de la personne de d'*ARBOUVILLE *; contre M.* DUPATY, *et M. et Mme. de la* CHATAIGNERAYE, *intimés:*

Par M. ROYER-COLLARD, Docteur en médecine, Membre de la Société de l'Ecole de Médecine de Paris, Médecin en chef de l'Hospice de Charenton, et l'un des médecins chargés par le tribunal de première instance du département de la Seine, du traitement de Mlle. d'Arbouville.

———

A PARIS,

De l'Imprimerie de VINÇARD, rue des Prêtres-St.-Séverin.

OBSERVATIONS

Sur le mémoire de Madame de Chambon relatif à l'affaire de Mademoiselle d'Arbouville.

Je viens de recevoir un écrit ayant pour titre : *Mémoire pour Mme. de Chambon, appelante du jugement qui nomme M. Fréteau administrateur provisoire de la personne de Mlle. d'Arbouville ; contre M. Dupaty, et M. et Mme. de la Chataigneraye, intimés.*

Je n'ai pu lire ce mémoire sans être étrangement surpris de m'y voir calomnié par des insinuations et des réticences également perfides. Tous les faits relatifs à ma personne ou à ma conduite, y sont ou déguisés, ou altérés, ou même entièrement supposés. Toutes les opérations du comité médical chargé de diriger le traitement de Mlle. d'Arbouville, comité dont j'ai l'honneur d'être membre, s'y trouvent défigurées et travesties. On n'y prononce mon nom que pour appeler sur moi une injuste défaveur ou même des soupçons odieux.

Ce n'est point Mme. de Chambon que j'accuse de ces injurieux procédés. Je respect trop son âge, ses vertues, et la touchante sensibilité qu'elle a montrée dans les déplorables circonstances qui viennent d'affliger ses vieux jours, pour oser les lui attribuer. Mes reproches ne s'adressent qu'à l'homme dont elle a emprunté la plume. Trompé sans-doute lui-même , il l'a trompée à son tour ; et par un abus incroyable de sa confiance , il n'a pas craint de couvrir de son nom les plus vils mensonges comme les plus absurdes imputations.

Ces imputations ont été répandues dans public. Le mémoire destiné à les accréditer , se distribue en ce moment avec une étonnante profusion. Garder le silence lorsqu'on m'attaque avec tant de malignité, ce serait me montrer lâche ou m'avouer coupable. Livré à l'exercice d'une profession qui ne s'appuie que sur l'estime publique, revêtu de fonctions qui la supposent , je dois à ma réputation , je me dois à moi même de ne laisser planer aucun soupçon sur ma conduite ni sur mon caractère. Un choix honorable m'a chargé de travailler au rétablissement de la santé de Mlle. d'Arbouville ; laisser croire un instant que j'ai pu trahir la confiance des Magistrats qui m'ont imposé cette tâche , ce serait m'en reconnaître indigne. Je suis donc forcé de me justifier publiquement ; le soin de mon honneur l'exige.

Je commence par retracer rapidement l'histoire des faits qui me concernent, ou qui sont relatifs aux opérations du comité médical.

Dans les premiers jours du mois de mai dernier , M. Hallé ayant été consulté sur l'état de Mlle. d'Arbouville au moment même où il se disposait à partir pour r Italie, voulut bien me désigner aux parens et aux amis de cette intéressante malade pour lui donner les soins que deman dait sa situation. Ce choix, je le dus sans-doute à l'amitié de M. Hallé, et ce n'est pas sans quelque orgueil que j'en fais ici la remarque ; mais je le dus aussi à la place importante que j'occupais. Dans la maison de Charenton, devenue si célèbre par ses succès et dont la réputation est aujourd'hui répandue par toute l'Europe, se trouvent rassemblés des aliénés de tout âge, de tout sexe, de toute condition ; et l'on est porté à présumer qu'un médecin placé au milieu d'un tableau si varié, entouré de tant d'objets propres à l'instruire, doit avoir acquis sur ce genre d'affections des connoissances plus précises et une expérience plus éclairée que le commun des praticiens. Ce fut donc comme médecin en chef de la maison de Charenton, que je fus proposé par M. Hallé, et ce fut au médecin de Charenton qu'on prétendit confier la malade.

Le sept mai, j'allai la voir pour la première fois, à Chaillot, dans la maison Willaume ; et je reconnus sur le champ l'espèce de délire qui l'agitoit. J'y laissai par écrit des instructions détaillées sur les moyens que réclamait son état, et j'indiquai les bases du régime physique et moral auquel il me parassait convenable de l'assujétir.

Je n'avais pu recueillir encore que des renseignemens vagues sur les causes de la maladie que j'avais à traiter. J'en demandai de plus positifs, et cette demande ne tarda pas à me jeter au milieu d'une foule d'intérêts et de passions dont je ne soupçonnais pas même l'existence.

Mme. Dupaty me remit la première une note historique sur la situation de sa nièce, et sur les circonstances qui pouvaient avoir contribué à la provoquer. Cette note, rédigée d'une manière simple, mais précise, frappa mon attention. On ne s'y plaignait de personne ; personne n'y étoit accusé ; aucune réflexion ne venait s'y mêler à l'exposé des faits. Je demandai de vive voix quelques éclaircissemens à Mme. Dupaty, et elle me les donna avec la même simplicité. C'est la seule visite que j'ai reçue de Mme. Dupaty.

Une scène toute opposée vint presque au même instant se développer devant moi. Mme. de Brilhac, Mme. et M. Corbin, empressés de m'éclairer sur l'état de Mlle. d'Arbouville, accoururent chez moi pour me prémunir, disaient-ils, contre les dangereux projets de sa famille. Ce ne fut pas sans étonnement que j'entendis sortir de leur bouche mille accusations plus fortes les unes que les autres contre les parens de Mlle. d'Arbouville en gé-néral, et contre M. Fréteau en particulier.

Pendant près de deux mois, on n'a cessé de me fa-tiguer de ces accusations, de les reproduire sous toutes les formes, de chercher à en augmenter l'effet par d'offi-cieux commentaires. Mme. de Brilhac s'était spécialement chargée de ce soin, et deux ou trois fois chaque semaine, elle venait s'en acquitter avec le zèle le plus ardent comme le plus assidu.

Je ne dissimulerai point que je fus un instant ébranlé par ce concert d'invectives que j'entendais sans cesse retentir autour de moi. Je ne pouvais me persuader que

des personnes aussi honnêtes se laissassent égarer au point
de devenir les échos de la calomnie; et pendant quelque
tems , je ne pus me défendre de quelques préventions
contre M. Fréteau et contre les siens.

Mais je ne tardai pas à revenir sur ces premières
impressions. La chaleur qu'on mettait à poursuivre M.
Fréteau , la passion qui éclatait dans les démarches de
ses accusateurs , l'excès même des imputations dont on
le chargeait, avoient commencé à m'inspirer de la défiance.
Je ne m'en tins pas là. J'interrogeai des étrangers; je
cherchai partout des renseignemens désintéressés , et je
me convainquis qu'on accusait sans preuves évidentes.
Me trouvant néanmoins placé entre deux partis opposés ,
et craignant de recevoir de l'un ou de l'autre une im-
pulsion quelconque , je résolus de n'en épouser aucun,
de ne voir que l'intérêt de la malade , de diriger toutes
mes pensées vers le rétablissement de sa santé ; en un
mot, de garder l'impartialité la plus sévère. Ce principe
à toujours été depuis , la règle invariable de ma
conduite.

Je reviens à l'histoire du traitement de mademoiselle d'Arbouville. A ma seconde visite, j'appris que mes instructions
n'avaient été exécutées qu'en partie ; et après avoir exa-
miné attentivement la situation de la malade dans la
maison Willaume , je me confirmai dans l'opinion que
cette maison ne convenait pas à son état , et qu'un changement de position étoit nécessaire, Je proposai alors de
la placer dans une maison isolée, tranquille, agréable,
qu'elle occuperait seule avec les personnes préposées à sa

garde, et dans laquelle on pourrait réunir tous les moyens propres à opérer sa guérison. Je combattis sur-tout le projet de la ramener dans sa propre maison , de la rendre à ses anciennes habitudes , de la replacer au milieu d'objets capables de lui retracer des souvenirs dangereux ; en un mot, je demandai qu'on fît usage à son égard du système d'isolement qui s'applique aujourd'hui avec tant de succès au traitement de l'aliénation , et dont une expérience de tous les jours me démontrait les heureux effets. En cela , je ne faisais que suivre la doctrine de mon illustre collègue, M. Pinel , et celle de tous les médecins qui ont acquis quelque réputation dans cette partie si intéressante de la science.

Ces vues furent accueillies presque sans difficulté par la famille de mademoiselle d'Arbouville ; mais le parti opposé les repoussa constamment. Il voulait, à quelque prix que ce fût, que mademoiselle d'Arbouville rentrât dans sa maison ; aucun raisonnement, aucune observation ne pût le déterminer à abandonner cette idée. Je cessai d'en parler , et j'attendis des circonstances plus favorables.

Quoique mes visites dans la maison Willaume ne fussent que d'une bien faible utilité à mademoiselle d'Arbouville , je crus cependant devoir les lui continuer de tems en tems , moins pour travailler à sa guérison, que pour étudier tous les développemens de sa maladie, et en prévenir ou en modérer l'accroissement. Je l'avais déjà vue plusieurs fois, lorsque j'appris que MM. Lepreux, Andry et Jeanroy venaient d'être appelés en consultation auprès d'elle. Je fus d'abord étonné que cette consultation eût été faite à mon insu ; je le fus bien davantage lorsqu'on vint me dire le lendemain que M. Corbin m'avait écrit de la part de madame de Chambon pour m'inviter à y assister ; mais que la domestique chargée de me remettre sa lettre, n'avait pu trouver ma demeure. Ma demeure cependant n'était un secret ni pour M. Corbin, ni pour ses commissionnaires ; mais cette fois on ne devait la découvrir qu'après la consultation à laquelle on prétendait m'inviter. On cacha également à MM. Lepreux, Andry et Jeanroy que je visse habituellement mademoiselle d'Arbouville. Ils ne l'apprirent qu'à Chaillot même, et quelques jours après ils me témoignèrent la peine qu'ils avaient ressentie de ne pas me trouver au milieu d'eux. Pourquoi avait-on voulu m'écarter de cette réunion ? Je ne cherche point à en deviner le motif. Quoiqu'il en soit, l'avis des consultans fut que sa santé de la malade exigeait qu'on la ramenât dans sa maison, et qu'on l'y confiât aux soins de madame de Chambon. C'était tout ce que Mme. de Chambon desirait.

Le vingt-deux Juin, un jugement du Tribunal de première Instance du Département de la Seine nomma M. Fréteau administrateur provisoire de la personne et des biens de mademoiselle d'Arbouville, et chargea de son traitement MM. Andry, Pinel et moi. Ce jugement nous fut signifié le vingt-sept du même mois.

Nous nous réunîmes en comité quelques jours après

pour concerter ensemble le plan de conduite que nous aurions à suivre. Notre vœu eût été dès-lors que la malade fût transportée dans une maison nouvelle et placée au milieu d'objets nouveaux ; mais d'une part , le jugement ordonnait qu'elle serait rétablie dans son ancien domicile ; et de l'autre, le parti de madame de Chambon demandait à grand cris l'exécution de cette disposition. Nous nous vîmes donc obligés , sous peine d'être accusés de partialité , d'essayer , au moins pendant quelques jours , d'une mesure que nous regardions comme incompatible avec un traitement régulier. Nous arrêtâmes que le traitement de mademoiselle d'Arbouville commencerait aussitôt qu'elle aurait été ramenée dans sa maison, rue Barbette ; qu'elle n'y recevrait aucune visite pendant la première quinzaine ; et qu'elle y serait confiée à la surveillance et aux soins d'une personne intelligente , désignée par le Comité Médical , et chargée de faire exécuter ses ordonnances. En même tems , je fus prié par mes collègues de chercher quelqu'un qui pût convenir à cette importante mission.

Cette recherche était difficile ; mais le terme pressait, et le moindre retard apporté au choix d'une surveillante pouvait devenir nuisible à la malade. Je me déterminai alors à présenter deux personnes au Comité Médical , mais sans aucune espèce de garantie de ma part. L'une , veuve d'un Médecin de Saint-Domingue , m'avait été indiquée par des hommes respectables et dignes de toute confiance ; madame de Brilhac m'avait désigné l'autre. Quelques raisons particulières pouvaient me faire désirer que le choix de mes collègues tombât sur

cette dernière ; ils la trouvèrent trop âgée , et donnèrent la préférence à l'autre. Celle-ci se nommait madame Nadau ; elle fut agréée par M. Fréteau , et ins-
tallée d'un consentement unanime.

Des circonstances étrangères au Comité Médical ,
retardèrent le retour de mademoiselle d'Arbouville dans
sa maison jusqu'au douze Juillet. Je l'y allai voir
quelques jours après, et donnai provisoirement à madame
Nadau quelques instructions relatives à la partie morale
de son traitement. M. Andry vit aussi plusieurs fois
mademoiselle d'Arbouville, et la violence qu'elle fit éclater devant lui , ne lui laissa aucun doute sur le caractère de sa maladie , non plus que sur le genre de traitement qui lui était nécessaire. Nous pensâmes alors ,
M. Andry et moi, qu'on pourrait essayer de lui permettre quelques visites, pour calmer son impatience et
la distraire des idées qui la dominaient. Nous lui
proposâmes de voir madame de Chambon ; elle s'y
refusa. Nous lui parlâmes de M. Bellart ; elle parut désirer de l'entretenir, et nous y consentîmes. M. Bellart y
vint en effet quelques jours après ; mais il ne resta qu'un
instant avec elle , et cette visite a été la seule qu'il lui
ait faite à cette époque.

Le vingt-six Juillet , le comité médical assemblé dé-
termina les bases du traitement qu'il se proposait de
faire suivre à la malade , et prit des moyens pour en
assurer l'exécution. La nécessité d'un prompt changement
de maison fut reconnue, et l'interdiction des visites renou-

velée. Mes deux collégues me chargèrent de régler plus particulièrement les détails du traitement , d'observer assidument la malade , et de leur rendre compte de son état dans nos réunions générales. Pour mieux assurer encore l'accomplissement de nos vues, nous arrêtames que M. Pussin, surveillant des aliénées de la salpétrière , se transporterait tous les jours dans la maison de made‑moiselle 'd'Arbouville , et veillerait scrupuleusement à l'exécution de nos ordonnances.

Ces mesures devaient produire un grand bien , et elles l'auraient produit en effet, si les deux personnes que nous avions chargées de leur exécution , se fussent bien pénétrées de l'esprit qui les avait dictées. Malheu‑reusement il n'en fut pas ainsi. D'une part, les pré‑tentions de M. Pussin ; de l'autre , la jalousie de ma‑dame Nadau , élevèrent entre eux des démêlés que le tems ne fit qu'aigrir. Après quelques visites , M. Pussin prétendit un jour avoir été congédié par madame Nadau ous prétexte que la malade était incurable, aban‑donna son poste et alla porter à M. Pinel les plaintes les plus énergiques contre le système d'administration qu'il assurait avoir été adopté dans la maison de ma‑demoiselle d'Ardouville. M. Pinel, effrayé de l'oppo‑sion que M. Pussin venait de lui dénoncer , se hâta d'écrire à M. Andry pour lui annoncer qu'il avait pris le parti de se retirer du Comité médical , et le pria de m'en informer.

Aussitôt que j'eus connaissance de ces divisions et de leurs suites fâcheuses, je mis tout en œuvre pour les faire cesser. J'interrogeai M. Pussin ; j'interrogeai madame Nadau ; et les éclaircissemens qu'ils me donnèrent, me convainquirent qu'ils s'étaient livrés l'un et l'autre à des exagérations injustes. Je me plaignis à M Fréteau, de Mm. Nadau ; je me plaignis à M. Pinel de M. Pussin. Des mal-entendus, des paroles indiscrètes avaient été la cause de tout le mal ; je rétablis les faits ; j'explice qu'ils offraient d'équivoque, et je fus assez heureux pour dissiper l'orage qui était sur le point d'éclater. M. Pinel d'abandonna point ses collègues ; M. Pussin promit de retourner à son poste aussitôt que la malade serait établie dans sa nouvelle maison ; et M. Fréteau seconda toutes nos opérations avec le zèle le plus actif comme le plus éclairé.

Après bien des recherches infructueuses, on trouva enfin à Chaillot une maison, qui, au jugement de M. Pussin, paraissait réussir toutes les conditions rendues nécessaires par la situation de mademoiselle d'Arbouville. Elle fut louée. On convint, qu'à l'égard de la malade, M. Pussin serait censé en être le propriétaire, et qu'il l'y recevrait comme chez lui. Nous crûmes cette fiction nécessaire pour donner à M. Pussin une plus grande autorité sur l'esprit de mademoiselle d'Arbouville.

Nous fîmes plus encore, la femme de chambre de Mlle. d'Arbouville, trop complaisante pour ses caprices, avait été congédiée. M. Pussin, croyant le service d'une femme de chambre peu nécessaire à la malade, proposa d'y substituer une fille de peine, et nous indiqua pour cet objet une femme, nomé Claudine, tout récemment arrivée de Bretagne. Il ne la connaissait point personnellement ; mais, grande et forte , elle lui paraissait propre *à donner un coup de main* en cas de besoin. Ce furent là les expressions dont il se servit en me la présentant , comme ce furent les seuls titres qu'il fit valoir en sa faveur. Nous nous empressâmes d'accueillir cette demande ; M. Fréteau n'y mit aucun obstacle , et Claudine entra au service de mademoiselle d'Arbouville,

Toutes ces dispositions nous promettaient un avenir plus tranquille , et nous aimions à nous flatter de l'espoir que désormais aucune contrariété ne viendrait nous troubler. Cet espoir fut encore une fois trompé.

M. Pussin , soupçonneux et méfiant , commença de nouveau à accuser madame Nadau , et à se plaindre des domestiques de la maison. Claudine s'en plaignit bien davantage encore. Toute sa conduite , tous les rapports qu'elle faisait à M. Pussin ou à nous , paraissaient tendre à établir ce principe sur lequel elle ne voulait pas qu'on eût le moindre doute , savoir ; qu'il existait autour de mademoiselle d'Arbouville une sorte de conspiration dont le but était de perpétuer sa maladie , de la rendre incurable , de contrarier secrètement toutes les parties de son traitement ; elle seule était étrangère à cette conspiration , et tout le reste de la maison en était l'instrument. La gravité de cette accusation, mise en avant sans aucune preuve , suffisait déjà pour rendre suspecte une fille qui la soutenait avec tant d'impudence.

Victoire, ancienne domestique de mademoiselle d'Ar-
Louville, fille simple, douce, et extrêmement attachée
à sa maîtresse, fut le premier objet des attaques de
Claudine. Ces attaques ne se bornèrent pas au service
de Victoire ; Claudine alla jusqu'à prétendre que cette
fille avait détourné secrètement plusieurs objets apparte-
nant à mademoiselle d'Arbouville, afin de lui en im-
puter le vol à elle-même. Si une combinaison aussi mé-
chante eût pu être réellement l'ouvrage de Victoire,
elle aurait dû être chassée de la maison à l'instant même.
Mais il fut impossible à Claudine de prouver son accusation,
et malgré le bruit qu'elle en fit, M. Pussin fut le seul
qu'elle persuada.

Après Victoire, madame Nadau eut son tour. Il faut
l'avouer, madame Nadau ne possédait point les qualités
nécessaires à la place qu'elle occupait. Souvent je m'étais
apperçu qu'elle ne mettait aucune mesure dans ses paroles, qu'elle ne prenait point avec mademoiselle d'Arbouville un ton convenable, que ses manières choquaient
toutes les personnes de la maison ; et plus d'une fois je
lui avais fait des représentations à ce sujet. Je l'ai toujours
crue incapable de se prêter à des manœuvres criminelles ;
mais je n'ai jamais remarqué en elle cet heureux tem-
pérament de douceur et de sagesse qui pouvait seul
assurer le succès de sa mission. Je ne la défendis donc
point lorsqu'on porta des plaintes contre elle ; je fus
même le premier à demander sa sortie. Mes deux collègues partagèrent cet avis, et M. Fréteau y consentit
sans faire une seule objection,

Tout allait bien pour Claudine. Elle avait réussi jusques là dans ses projets, et une perspective plus favorable encore s'ouvroit en ce moment devant elle. Déjà son rôle avait changé dans la maison. Elle n'y étoit entrée que comme domestique d'un ordre inférieur; et insensiblement on la mettoit au dessus de tous les autres. M. Pussin avouait qu'elle n'avait jamais soigné aucun aliéné, ni acquis aucune expérience dans ce genre de service; et cependant il avoit exigé que le soin de la personne de Mlle. d'Arbouville lui fût exclusivement confié. Il ne l'avait d'abord présentée que comme propre à *donner un coup de main*; et néanmoins il avoit voulu que les autres domestiques fussent seuls employés dans les circonstances ou l'on était obligé de contrarier la malade.

Les prétentions de Claudine s'accrurent avec ses succès. et il ne fut pas difficile de s'appercevoir que la première place de la maison était devenue l'objet de son ambition. Dans un entretien que j'eus avec elle, elle me dit qu'elle n'était pas faite pour être domestique, que jusques-là elle avait été maîtresse de maison, et qu'elle espérait que le comité médical s'occuperait d'améliorer sa position. M. Pussin de son côté nous répétait sans cesse la même chose, et nous entretenait continuellement du mérite et des talens de Claudine.

Ces insinuations m'inspirèrent de la défiance. Qulques propos échappés à Claudine en présence du Comité, propos dans lesquels se fesait remarquer la partie aliité la plus outrée, me commandèrent une plus grande réserve encore. Je croyais que cette fille pouvait être utile à Mlle. d'Arbouville; mais je croyais aussi qu'elle ne pouvait l'être que dans un rôle subalterne. Nous nous occupions en ce moment de la recherche d'une personne propre à remplacer Mme. Nadau ; on pense bien qu'aucun de nous ne jeta les yeux sur Claudine. Le hazard me fit rencontrer une personne qui réunissait au plus haut degré toutes les qualités que nous desirions, et je m'empressai de la proposer à mes deux collègues, ainsi qu'à M. Fréteau.

Cette personne était Mlle. des Echerolles. Son éducation et sa naissance la rapprochaient de Mlle. d'Arbouville aussi bien que son ton et ses manières. Douée du plus heureux discernement, mûrie à la fois par l'âge et par le malheur, elle joignait à ces rares avantages celui d'une grande douceur et d'un grand sang-froid. Ma famille la connaissait depuis plus de quinze ans. Récemment arrivée à Paris, elle était totalement étrangère à l'affaire de Mlle. d'Arbouville, et n'avait certainement reçu les impressions d'aucun parti. Toutes ces considérations me décidèrent à lui proposer la place que la retraite de Mme. Nadau avoit laissée vacante ; et je déclare ici dans toute la sincérité de mon cœur, que le principal motif de cette démarche, fut le desir de servir utilement Mlle. d'Arbouville, et la certitude d'avoir trouvé la personne qui lui convenait le mieux.

Mlle. des Echerolles fut agréée par mes deux collègues, et leur choix ne tarda pas à être confirmé par M. Fréteau. Elle entra en fonction le huit septembre. En l'installant je lui recommandai par dessus tout de

laisser entièrement à M. Pussin les soins du traitement
et la direction de la malade, de le favoriser dans toutes
ses vues, de faire exécuter tous ses ordres ; et s'il était
vrai que Claudine eût été exposée aux persécutions des
autres domestiques, de les faire cesser à l'instant. Par-
faitement sûr de ses intentions et de son exactitude, je
pouvais me promettre que ces instructions seraient fidè-
lement exécutées ; et si les anciennes plaintes venaient
à se renouveler, j'avois du moins alors un moyen certain
de les apprécier et de les juger.

Pendant quelques jours, M. Pussin, et Claudine elle-
même parurent plus contens, ou feignirent de le paraître. Mais ce n'était qu'une trève de quelques instans,
et bientôt la guerre recommença avec plus d'acharnement
que par le passé. On n'osa pas d'abord attaquer ouvertement
Mlle. des Echerolles, mais on employa contre elle des
voies astucieuses et détournées ; on multiplia des accusations où elle n'étoit pas nommée, mais qui ne pouvaient retomber que sur elle ; on prétendit qu'elle avoit
reçu secrètement l'ordre de contrarier avec adresse les
dispositions du traitement; et si l'on ne disait pas encore
hautement qu'elle était fidèle à cet ordre, on le laissait
entendre de la manière la moins équivoque.

Une conduite aussi perfide m'ouvrit enfin complètement
les yeux. Sûr de Mlle. des Echerolles, je pris sa dé-
fense ; j'exigeai que toutes les imputations dont on
affectait de la charger sourdement, fussent vérifiées avec

rigueur ; je les vérifiai moi-même ; et aucune ne fut trouvée véritable. Je vis clairement alors que toutes ces menées tenaient à un système de calomnie habilement concerté et suivi avec persévérance; qu'on voulait trouver des coupables, à quelque prix que ce fût, pour se mettre à leur place ; et je m'attendis à le devenir incessamment moi même.

La passion se trahit toujours par quelque côté. L'espèce de réserve qu'on s'était imposée relativement à mademoiselle des Echerolles , était un fardeau trop pénible pour Claudine , et bientôt sa violence éclata. Elle ne craignit pas un jour de s'emporter insolemment contre mademoisalle des Echerolles, de la couvrir d'injures grossières , de la dénoncer à madamoiselle d'Abouville elle-même comme un tyran acharné à sa perte , de lui dénoncer également tous les domestiques de la maison comme les agens d'un complot abominable formé contre sa personne , et de se présenter à elle comme une providence qui veillait sur sa vie. Je laisse à penser si une pareille scène était bien propre à rendre le calme à la malade , et à raffermir son imagination ébranlée.

Mademoiselle des Echerolles , par une délicatesse excessive , ne rendit point compte de cette scène au Comité ; mais elle alla trouver directement M. Pussin , et lui fit part de ce qui venait d'arriver. M. Pussin ne put se dispenser de lui faire faire des excuses par Claudine ; mais ces excuses , arrachées par la nécessité , ne servirent qu'à l'aigrir encore davantage contre Mademoiselle des Echerolles. Du reste , M. Pussin , si attentif à révéler au Comité les torts qu'il supposait à mademoiselle des Echerolles ou aux domestiques de la maison , garda le silence le plus absolu sur l'incartade de Claudine.

Cette étrange partialité de la part de M. Pussin, ces scandaleux emportemens de la part de Claudine , me déterminèrent à observer tout ce qui se passait avec une exactitude plus scrupuleuse encore que je [ne l'avais fait jusqu'alors. J'allai aux informations, et j'appris que Claudine profitait de la confiance de sa maîtresse pour lui rendre odieuses toutes les personnes de la maison ; qu'au dehors on s'appuyait de son témoignage pour débiter les plus horribles calomnies contre M. Fréteau , contre mademoiselles des Echerolles , et contre moi-même ; que M. Pussin avait des communications fréquentes avec madame de Chambon , madame de Brilhac , et la trop fameuse Linette ; et que dupe de son aveugle confiance pour la femme passionnée qui le trompait, il était devenu lui-même l'écho de ses faux rapports et le canal par lequel ses accusations se répandaient dans le public. Après m'être bien assuré de la vérité des faits , je demandai une conférence à mes deux collègues pour leur confier mes peines , et les prier de mettre un terme aux excès intolérables qui se commettaient , pour ainsi dire, sous nos yeux. Cette conférence eut lieu le vingt-un Novembre. MM. Pinel et Andry furent également indignés de mes révélations ; mais l'amour de la paix , et la fin prochaine de notre mission commune les engagèrent à éviter un éclat. M. Pinel promit néanmoins de faire à M. Pussin de sévères remontrances sur sa conduite au moins indiscrète, et les choses en restèrent là.

Au milieu de tous ces orages successifs, nous n'avions point perdu de vue le traitement de mademoiselle d'Arbouville, et depuis sa translation à Chaillot, il avait été suivi de quelques succès. Je dois rendre ici cette justice à M. Pussin, qu'il s'était occupé avec un véritable zèle de l'exécution de uos ordonnances ; et s'il se fût strictement renfermé dans les limites de ses fonctions, il aurait pu rendre des services essentiels à la malade. Séparée de tous les objets qui auraient pu l'agiter, elle était devenue plus calme, plus docile ; ses idées même paraissaient plus nettes et moins incohérentes. Je dois dire néanmoins que son délire ne l'avait point entièrement quittée : je dois dire sur-tout que depuis les clameurs imprudentes de Claudine, il avait repris une nouvelle force et un accroissement nouveau. Dans notre réunion du vingt-un Novembre, nous pensâmes unanimement qu'il pourrait être utile de lui permettre quelques visites propres à la distraire dans sa solitude, et nous lui laissâmes le soin de désigner elle-même les personnes qu'elle désirait voir. Ces personnes furent, parmi ses parens, madame de Chambon, madame Dupaty, et madame Fréteau ; parmi ses gens d'affaires, MM. Bellart et Corbin. Le desir extrême que nous avions tous de la satisfaire, ne nous permit de faire aucune réflexion sur ce choix ; et pour lui prouver notre empressement à lui plaire , nous la chargeâmes d'écrire elle-même aux personnes qu'elle avait indiquées , et de les inviter à la venir voir. Cette mesure devint bientôt la cause ou le prétexte d'un nouveau trouble.

Instruit de notre délibération , M. Fréteau trouva quelque inconvénient à appeler des gens d'affaires auprès de mademoiselle d'Arbouville. Les lettres d'invitation adressées à madame de Chambon, à madame Dupaty , et à madame Fréteau, furent expédiées sur-le-champ ; mais il crut pouvoir prendre sur lui de suspendre l'envoi des deux autres jusqu'à la prochaine réunion du Comité Médical , réunion qui devait avoir lieu quatre jours après. Cette suspension fut appelée refus ; et sans attendre que le Comité Médical, auquel cette affaire allait être soumise , eût prononcé définitivement, on attaqua M. Fréteau sans aucun ménagement , et on s'efforça de noircir sa conduite et ses intentions dans l'esprit de M. Pinel.

Un nouvel incident vint mettre le comble au désordre. M. Fréteau , las des excès de Claudine , crut devoir en porter ses plaintes à M. Pussin , le pria de les faire cesser, et finit par le prévenir que si elle ne changeait de conduite, il se verrait obligé de lui demander une autre fille à sa place. Attaquer Claudine, c'était, aux yeux de M. Pussin, attaquer le Comité Médical tout entier , frapper ses ordonnances de nullités , rendre tout traitement impossible pour mademoiselle d'Arbonville. Aussi s'empressa-t-il de faire éclater son mécontentement. Dès le lendemain, il vint chercher Claudine, l'emmena avec lui ; et depuis ce moment, il n'a plus reparu dans la maison.

Toutes ces circonstances réunies étaient bien propres à ébranler M. Pinel. M. Pussin jouissait de toute sa confiance, et sous tous les autres rapports, il la méritait. Trompé par ses récits, vaincu par les sollicitations de madame de Chambon, il se laissa extorquer une déclaration par laquelle il annonçait que les obstacles apportés au traitement de mademoiselle d'Arbouville, ne lui permettaient plus de lui continuer ses soins : encore ne parvint-on à obtenir sa signature qu'en l'assurant que M. Andry avait également promis la sienne. On avait pris un engagement bien téméraire en stipulant ainsi d'avance pour M. Andry. On lui présenta en effet la déclaration rédigée par M. Pinel ; mais il refusa constamment d'y apposer son nom.

Cependant M. Fréteau ayant appris ce qui se tramait demanda à se justifier en présence du Comité médical des inculpations qu'on amassait de toutes parts contre lui. Nous nous rassemblâmes chez M. Andry le premier décembre. M. Fréteau nous rappela tout ce qu'il avait fait depuis le jugement, discuta tous les reproches qui lui avaient été adressés à diverses époques, démontra que la retraite de M. Pussin n'était point son ouvrage ; en un mot, donna ses éclaircissemens les plus satisfaisans sur toutes les parties de sa conduite. M. Pinel lui-même parut détrompé ; il protesta que son intention n'était point de se séparer du Comité ; la seule chose sur laquelle il insista, fut qu'il y eût auprès de mademoiselle d'Arbouville une personne accoutumée au service des aliénés, et dont la surveillauce pût garantir l'exécution du traitement. Il n'est pas nécessaire de dire que cet avis était également celui de M. Andry et le mien. Nous arrêtâmes donc que le Comité médical contineurait ses fonctions auprès de mademoiselle d'Arbouville ; que ni M. Pussin, niClaudine ne retourneraient dans sa maison ; mais qu'on remplacerait cette dernière par une fille intelligente et familiarisée avec ce genre de soins. La proposition de confier mademoiselle d'Arbouville à madame deChambon, á madame de Brilhac, et à Linette, nous parut si absurde, que nous ne crumes pas devoir en faire l'objet d'une discusion sérieuse.

Tel est le précis fidèle des faits qui se sont passés jusqu'ici relativement au traitement de mademoiselle d'Arbouville et à la part que j'y ai prise. Témoin des uns acteurs, dans les autres, je déclare qu'ils sont tous conformes à la plus exacte vérité ; et je ne crains pas que mes collégues viennent me démentir en un seul point.

Je vais maintenant confronter avec ce récit les assertions contennes dans le mémoire demadame de Chambon.

Le lecteur a pu voir dans l'exposé qui précède, que j'avais pris constamment pour base de ma conduite, de n'épouser aucun parti, et de n'obéir à aucuné influence particulière. Ce fut là tout mon tort. Dès qu'on fut bien convaincu que cette résolution était immuable, et que je ne consentirais jamais à servir des projets dictés par la passion , je fus traité en ennemi. On essaya d'abord de rendre mes démarches suspectes; on fit circuler sourdement des bruits défavorables sur mon compte; à la fin, on leva le masque, et on répandit publiquement contre moi les calomnies les plus dégoûtantes. A en croire les partisans de madame de Chambon , je m'étais livré à M. Fréteau pour devenir l'instrument du complot odieux formé contre sa pupille ; au lieu de travailler à la guérison de la malade qui m'avait été confiée, j'employais secrètement tous mes efforts pour rendre sa maladie incurable C'était dans cette vue que j'avais placé auprès d'elle des surveillantes qui m'étaient dévouées ; c'était en suivant mes directions qu'elles entravaient si adroite l'exécution du traitement.

Ces calomnies ne sont point exprimées ouvertement dans le mémoire de madame de Chambon ; mais elles y tont insinuées d'une manière si claire; tout ce qu'on y dit de moi les suppose et s'y rattache si évidemment, qu'il est impossible au lecteur le moins clairvoyant de se méprendre sur les intentions de l'auteur. Le simple récit des faits a déjà suffisament prouvé l'injustice de ces accusations désguisées, et je pourrois sans-doute borner là ma justification ; mais je ne veux laisser aucun prétexte à la méchanceté, et quelques détails encore acheveront de a confondre.

1°. On commence par me désigner au public, non

comme le médecin en chef de l'hospice de Charenton , titre sur lequel en garde , dans tout le mémoire , un silence non moins désobligeant qu'affecté, mais seulement comme *un jeune Médecin de la connoissance de M. Hallé.* On feint d'ignorer que ce *jeune Médecin* est un homme de quarante ans, père d'une nombreuse famille ; que dis-je ? ou s'oublie jusqu'à paraître accuser tacitement M. Hallé lui-même d'une légèreté coupable pour avoir indiqué un médecin si peu expérimenté à la famille de Mademoislle d'Arbouville. Je n'opposerai qu'une seule chose à des procédés aussi misérablement injurieux ; c'est le suffrage même de M. Hallé. Il répond à tout, et me garantit de tout.

2°. On me reproche *d'avoir toujours montré les plus grands égards pour M. Fréteau , dans tous les rapports que j'ai eus avec lui.* On desiroit donc que je manquasse *d'égards* pour M. Fréteau ; et en m'accusant de lui en avoir *toujours montré,* on laisse voir évidemment qu'on regarde ces *égards* comme coupables. Cette explication devient plus évidente encore, quand on fait attention que, depuis le commencement du Mémoire jusqu'à la fin , M. Fréteau est signalé comme le tyran de mademoiselle d'Arbouville , comme l'ennemi de sa guérison, comme l'auteur d'un système d'opposition à toute espèce de traitement. Avoir les plus grands *égards* pour un tel homme et dans de telles circonstances , c'est être bien manifestement son complice ; et c'est là ce qu'a voulu faire entendre l'auteur du Mémoire.

Ici la méchanceté est portée à son comble. C'est un grand crime, c'est un véritable assassinat , que de faire perdre à un individu sa raison , ou de l'empêcher de la recouvrer. Prendre une part quelconque à ce crime, le tolérer lorsqu'on peut y mettre obstacle , c'est s'en rendre coupable soi même. Comment l'auteur du Mémoire n'a t-il pas vu que ses accusations ne me frappaient pas seul, mais que le Comité Médical tout entier s'y trouvait enveloppé ? En effet , s'il est vrai que M. Fréteau soit l'auteur d'un plan d'opposition au traitement de Mlle. d'Arbouville ; s'il est vrai qu'il ait organisé autour d'elle une suite de moyens propres à augmenter ou du moins à perpétuer son aliénation , pourquoi le Comité Médical en est-il resté le muet témoin ? Pourquoi n'a-t-il pas dénoncé une injustice aussi criante au tribunal dont il avoit reçu sa mission ? Pourquoi enfin a-t-il continué ses fonctions sous l'influence d'une administration homicide ? Et s'il les à continuées sans porter une seule plainte , ne s'est il pas rendu lui même complice de cette administration ? Voilà cependant où il en faut venir quand on veut admettre les principes posés par l'auteur du mémoire , et qu'on en tire rigoureusement les conséquences. C'est maintenant au lecteur à voir s'il doit croire à l'existence de ce concert de crimes entre M. Fréteau , d'une part, et les Médecins de Mlle. d'Arbouville , de l'autre ; ou plutôt , à décider si un semblable concert est possible.

On m'objectera sans-doute ici les deux déclarations de M. Pinel Mais ces déclarations , n'a-t-il pas fallu le tromper pour les obtenir ? leur a-t-il donné la moindre suite ? et en restant constamment uni au Comité Médical , n'a-t-il pas suffisamment, manifesté qu'il les regardait comme non-avenues ? Après tout, les déclarations isolées d'un membre du Comité n'expriment point l'opinion du Comité lui même , et ce n'est que dans ses opérations collectives que l'on doit la chercher.

Je reviens aux *égards* que l'on me reproche d'avoir eus pour M. Fréteau. Il est maintenant prouvé, je pense, que si M. Fréteau est aussi coupable qu'on prétend le faire croire , le Comité Médical tout entier a partagé son crime , et que les *égards* particuliers que j'ai pu lui montrer , forment à peine une nuance de plus contre moi. C'est avoir beaucoup fais que de m'être placé dans cette position , et l'appui de mes collègues me justifie déjà complètement. Mais si ces *égards* même qu'on me reproche avec tant d'amertume , ne sont qu'une calomnie de plus, que faudra-t-il penser de la bonne foi de l'auteur du mémoire ? sait-il se qui s'est passé entre M. Fréteau et moi ? a-t-il assisté à nos entretiens ? pourrait-il prouver que j'ai fait pour M. Fréteau plus que n'ont fait mes deux collègues ? et qu'elle est cette étrange témérité avec laquelle il ose jeter du doute jusques sur mes intentions ? la vérité est qu'avant le jugement , je n'ai pas vu M. Fréteau une seule fois ; que , depuis le jugement, je ne l'ai vu que rarement ; et que dans tous les rapports que j'ai du avoir avec lui , il ne m'a fait aucune sollicitation et n'a reçu de moi aucune promesse. Je ne pourrais pas en dire autant de Mme. de Chambon , de Mme. de Brilhac , et de M. Corbin. Pendant plus de deux mois , je me suis vu continuellement assiégé , importuné par eux ; et toutes les visites que M. Fréteau a cru devoir me rendre depuis le jugement, n'égalent pas à beaucoup près celles qu'il m'avaient rendues auparavant.

3°. On m'accuse d'avoir indiqué madame Nadau pour être mise à la tête de la maison de mademoiselle d'Arbouville. J'ai rapporté plus haut comment ce choix avait été fait, quelle part j'y avais eue, et quelle con.. duite j'avais tenue à l'égard de madam e Nadau. Il est inutile de revenir sur ces détails

4°. A l'égard de mademoiselle des Echerolles, qu'on me fait un crime d'avoir *encore indiquée*, non seulement je ne désavoue point ce choix, mais je le regarde comme un des plus grands service que j'aie pu rendre à mademoiselle d'Arbouville. Je ne répéterai point ici les éloges que je lui ai déjà donnés ; ceux qui la connaissent, savent si elle les mérite. La calomnie la plus effrontée a pu se u le s'attacher sur une vertu si pure . sur des sentimens si délicats, sur un dévouement si noble et si touchant. Ceux qui ont osé attaquer le droiture de ses intentions, ont révélé par là même la bassesse dès leurs ; et pour un homme vraiment impartial , il ne faudrait pas d'autre preuve contre ses accusateurs. Je ne lui ferai pas l'outrage de la justifier ; elle est au-dessus du soupçon même.

Mais, dit-on, elle n'*a pas mieux pris que madame Nadau l'esprit de ses fonctions*. Ce qu'il y a de vrai, c'est que l'amélioration de la santé de mademoiselle d'Arbouville date précisément de l'époque où mademoiselle des Echerolles est entrée dans la maison : et qu'à partir de celle où Claudine est parvenue à inspirer à mademoiselle d'Arbouville quelques préventions contre mademoiselle des Echerolles , cette amélioration s'est graduellement affaiblie. Ce qu'il y a de vrai encore c'est que, pendant un tems assez long, mademoiselle d'Arbouville a témoigné la plus grande amitié à ma—

demoiselle des Echerolles ; ce n'est que depuis qu'on la lui a signalée comme son ennemie, comme le principal agent de ses persécuteurs, qu'on a fait perdre à mademoiselle des Echerolles une partie de la faveur dont elle jouissait auprès d'elle.

Que fallait-il donc faire pour mieux *prendre l'esprit de ses fonctions* ? Il fallait se livrer au parti de madame de Chambon, rendre Claudine maîtresse de la maison, lui sacrifier tous les autres domestiques ; et par-dessus tout devenir l'accusatrice de M. Fréteau. Elle n'a pas voulu s'avilir jusqu'à jouer un pareil rôle ; elle n'a pas bien saisi l'*esprit de ses fonctions*.

Le lecteur peut prononcer à présent sur la conduite que j'ai tenue dans cette affaire ; et sur les imputations qui ont été spécialement dirigées contre moi. Je ne lui demande plus que la permission de relever encore quelques-unes des nombreuses inexactitudes dont le mémoire de madame de Chambon est rempli.

On place la consultation de MM. Lepreux, Andry et Jeanrai à une époque antérieure à celle où j'avais commencé à voir mademoiscile d'Arbouville. J'ai montré plus haut que cette consultation avait eu lieu dans l'intervalle de mes visites, et j'ai rendu compte des petites précautions qui avaient été prises pour m'en exclure.

On assure que je n'ai vu mademoiselle d'Arbouville que deux fois dans la maison Willaume, et je l'y ai vu au moins huit ou dix fois.

On recule jusqu'à la fin de Juillet le retour de mademoiselle d'Arbouville dans sa maison de la rue Barbette ; et il a eu lieu le douze du même mois.

On prétend qu'à cette même époque les Médecins ne

s'étaient pas encore rassemblés ; et ils s'étaient rassemblés dès les derniers jours de Juin , et avaient
provisoirement interdit toutes visites à mademoiselle
d'Arbouville.

On se plaint des contrariétés que mademoiselle
d'Arbouville n'a cessé d'éprouver pendant le séjour
qu'elle a fait dan ssa maison de la rue Barbette ; et la vérité est qu'elle n'y a été contrariée que pour l'empêcher de
sortir , et que , sur tout le reste , la crainte de lui
faire de la peine a constamment inspiré une complai-
sance excessive à toutes les personnes qui l'y envi-
ronnaient.

On suppose que M. Pinel a été chargé par le Comité Médical de suivre spécialement la malade , de régler les détails de son traitement ; et cette attribution
n'a jamais été confiée qu'à moi seul.

On transforme M. Pussin en Médecin ; on l'appelle
notre confrère. M. Pussin n'a jamais été Médecin , n'a
fait aucunes études médicales , ni même aucune autre
espèce d'études.

On affirme que des hosties ont été glissées secrètement
à mademoiselle d'Arbouville , dans le dessein de favoriser ses exagérations religieuses ; et ces hosties , au
nombre de deux , avoient été placées par mademoiselle
d'Arbouville , elle-même , dans son linge , à l'époque où
elle occupait encore sa maison de la rue Barbette , et
s'étaient ensuite trouvées fortuitement dans un paquet
de hardes que mademoiselle des Echerolles avait rapporté de cette maison , sans avoir pensé qu'il fût nécessaire de le visiter.

On dit qu'on *a voulu* donner du vin blanc à mademoiselle d'Arbouville ; et le fait est que mademoiselle

d'Arbouville en a souvent demandé , et qu'on *n'a jamais voulu* lui en donner.

On fait un crime aux personnes de la maison d'avoir fourni du papier , des plumes et de l'encre à mademoiselle d'Arbouville ; et M. Pussin a toujours été le maître de les en empêcher , et toutes les personnes de la maison ont effectivement cessé de lui en donner aussitôt que M. Pussin le leur a défendu. Je dois ajouter que si mademoiselle d'Arbouville a écrit tant de rêveries , et pendant si long-tems , ce n'est assurément pas ma faute , puisque dès le commencement du traitement , j'avois demandé qu'on lui en ôtât tout moyen.

On représente M. Andry et moi , après la retraite de M. Pussin, comme incertains , irrésolus , sans volonté comme sans opinion ; et cette peinture n'a que le mérite d'une insulte gratuite. Les résolutions prises depuis cette époque par le Comité , attestent qu'il sait ce qu'il fait et ce qu'il veut faire.

Je le demande ; si sur des faits aussi palpable , et qui offrent si peu de prise à l'erreur , l'auteur du mémoire a accumulé tant de faussetés , que penser de ceux qui se cachent sous des apparences plus obscures , et sur lesquels il est plus difficile de connaître la vérité ? Quel moyen au reste avait-il pour la connaître ? Depuis le jugement , mademoiselle d'Arbouville n'a reçu aucune visite ; personne n'a pénétré dans sa maison ; où aurait-il pu prendre des renseignemens exacts ? Claudine seule a pu lui fournir quelques notes depuis sa sortie , et je laisse à penser ce que valent des notes de Claudine.

J'ai rempli une tâche pénible. Accusé devant le public, j'ai dû me justifier devant le public ; et si ma justification m'a forcé de révéler des détails que j'aurais voulu couvrir d'un éternel silence , mes agresseurs ne peuvent s'en prendre qu'à eux mêmes. Je ne me flatte pas de convaincre ceux qui ont déjà pris des engagemens avec leur amour propre ; c'est aux hommes impartiaux que je m'adresse , et j'ose espérer que la lecture de cet écrit suffira pour dissiper tous leurs doutes et faire tomber toutes leurs préventions.

Paris, 15 Décembre 1806.